# BEI GRIN MACHT SICH IHR
# WISSEN BEZAHLT

# Betriebliche Wertschöpfung. RFID-Technologie

**Bibliografische Information der Deutschen Nationalbibliothek:**

Die Deutsche Nationalbibliothek verzeichnet diese Publikation in der Deutschen Nationalbibliografie; detaillierte bibliografische Daten sind im Internet über http://dnb.d-nb.de abrufbar.

ISBN: 9783346673701
Dieses Buch ist auch als E-Book erhältlich.

Druck und Bindung: Books on Demand GmbH, Norderstedt Germany
Gedruckt auf säurefreiem Papier aus verantwortungsvollen Quellen

Das vorliegende Werk wurde sorgfältig erarbeitet. Dennoch übernehmen Autoren und Verlag für die Richtigkeit von Angaben, Hinweisen, Links und Ratschlägen sowie eventuelle Druckfehler keine Haftung.

Das Buch bei GRIN: https://www.grin.com/document/1246679

# Einsendeaufgabe Alternative A

abgegeben am 24.10.2021

SRH Fernhochschule

Modul: Betriebliche Wertschöpfung

Studiengang: Betriebswirtschaftslehre und Digitalisierung

Studiengang: Betriebswirtschaftslehre und Digitalisierung

# Inhaltsverzeichnis

# Abbildungsverzeichnis

# Tabellenverzeichnis

# 1 Definition der Begriffe Materialwirtschaft und Logistik

In der Literatur als auch in der Praxis stehen im Bereich der Versorgung eines Unternehmens mit Rohstoffen, Hilfsstoffen und Betriebsstoffen, Dienstleistungen, Energie etc... die Begriffe wie Einkauf, Logistik, Beschaffung, Materialwirtschaft und integrierte Materialwirtschaft gegenüber.[1] Die Materialwirtschaft wird mit allen Aktivitäten hinsichtlich der Versorgung eines Unternehmens mit Materialien in Verbindung gebracht. Der wirtschaftliche Umgang mit dem Material steht dabei im Vordergrund. Unter dem Begriff Materialwirtschaft wird die Beschaffung und Lagerung von Material verstanden. Zur Beschaffung gehören die Marktforschung, Lieferantenauswahl, Angebotsvergleich und die Preisverhandlungen sowie die Aufnahme von Betriebs- und Erzeugnisstoffen des Marktes in die Unternehmung. Dazu gehören der Bestellvorgang, Wareneingangsprüfung und die Termin- und Transportkontrolle. Die Materialwirtschaft beinhaltet weitere Aufgabenbereiche wie zum Beispiel den innerbetrieblichen Transport und die Materialplanung.[2] Als Gesamtheit aller materialbezogenen Funktionen wird der Begriff der integrierten Materialwirtschaft nach Fieten beschrieben, welche sich mit der Versorgung des Marktes und des Unternehmens als auch der Steuerung des Materialflusses von den Lieferanten durch die Unternehmung bis zu den Kunden auseinandersetzt.[3] Die integrierte Materialwirtschaft verknüpft damit die versorgungsorientierten Aufgaben der Logistik und die marktorientierten Aufgaben des Einkaufs.[4]

Aufgrund der Globalisierung und der Warenströme entwickelte sich die Logistik zu einer Boom-Branche und gehört damit zum drittgrößten Wirtschaftsbereich in Deutschland. Im Jahr 2017 wurde der Logistik-Markt in Europa auf 1,05 Billionen Euro geschätzt. Die Bundesrepublik Deutschland nimmt dabei den europaweit größten Anteil von über 20% ein.[5] Der Begriff Logistik wird als marktorientierte, Gestaltung, integrierte Planung und Kontrolle des gesamten Material- und

---

[1] Vgl. *Lensing* (2013), S. 1
[2] Vgl. *Kluck/Ornau/Prill* (2014), S. 11
[3] Vgl. *Fieten* (1986), S. 36
[4] Vgl. *Hartmann* (1993), S. 23
[5] Vgl. *Wannenwetsch* (2021), S. 1

dazugehörigen Informationsflusses zwischen einem Unternehmen und seinen Lieferanten verstanden.[6] Die Begrifflichkeit „Logistik" ist auf das Militärwesen zurückzuführen und beinhaltet Funktionen wie die Berechnung, Planung und Herrichtung von Verbundwesen, Auswahl Standorte, Bereitstellung von Wagenparks und Versorgungstransporte.[7] Im industriellen Bereich wird der Begriff nach Hartmann im Allgemeinen als „alle Prozesse, die der Raumüberwindung und Zeitüberbrückung sowie deren Steuerung und Reglung dienen verstanden".[8] Des Weiteren gehen Kirsch et al. von einer Gestaltung, Regelung und Durchführung des gesamten Flusses an Energie, Steuerung, Personen und Information, insbesondere Stoffen innerhalb und zwischen Systemen aus.[9] Somit lässt sich abschließend sagen, dass die Logistik alle planerischen, ausführenden, steuernden und regelnden Maßnahmen und Instrumente, um einen ziel optimalen Material-, Wert- und Informationsfluss in Hinsicht der betrieblichen Leistungserstellung zu ermöglichen. Dieser Prozess zieht sich von der Beschaffung von Produktionsfaktoren über die Produktion und Verarbeitung bis zur Verteilung im Rahmen der Distribution.[10]

Der Wandel der Gesellschaft aber auch die Globalisierung der Wirtschaft ist verantwortlich dafür, dass sich das Konsumverhalten weitreichend verändert. Immer mehr Menschen sehnen sich nach dem Wunsch von individuellen Produkten. Aber auch die Digitalisierung führt dazu, dass sich die Logistikbranche schneller anpassen und eine Flexibilisierung in der Produktion vorweisen können. In diesem genannten Rahmen wird von der „Logistik 4.0" gesprochen. Um diese Flexibilisierung und schneller Anpassung gewährleisten zu können, finden digitale Lösungen ihren Einsatz. Zum Beispiel wird der Begriff „Internet der Dinge" verwendet, welches sehen, hören und handeln lernt. Zudem entsteht durch den Einsatz und die Kombination aus Sensoren und Aktoren mit einer dezentralisierten Entscheidungseinheit, autonome, untereinander kommunizierenden Einheiten, die auch als cyberphysische System (CPS) bezeichnet werden.[11]

---

[6] Vgl. *Schulte* (2008), S. 1
[7] Vgl. *Muchna/Brandenburg/Fottner/Gutermuth* (2021), S. 1-3
[8] *Hartmann* (1993), S. 23
[9] Vgl. *Kirsch/Bamberger/Gabele/Klein* (1973), S. 69
[10] Vgl. *Kluck/Ornau/Prill* (2014), S. 12
[11] Vgl. *Hompel/Kerner* (2015), S. 176

Im folgenden Schaubild wird die Abgrenzung der Begriffe „integrierte Materialwirtschaft" und „Logistik" veranschaulicht.

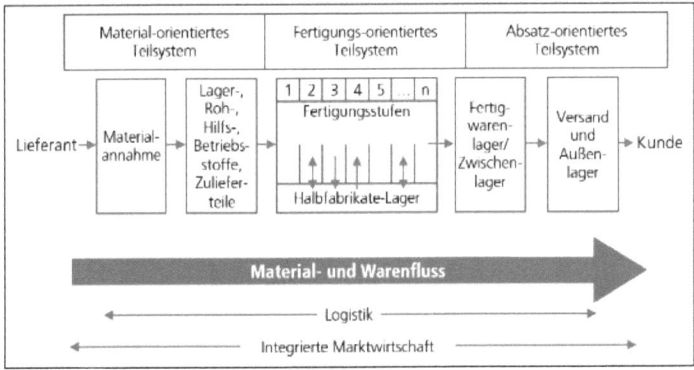

Abbildung 1: Abgrenzung integrierte Materialwirtschaft und Logistik

(Quelle: in Anlehnung an Hartmann (1993), S. 24)

## 1.1  Ziele in der Materialwirtschaft und Logistik

Oft ergibt sich in der Praxis eine unterschiedliche Zuordnung der Aufgabengebiete unter die Bereiche, Logistik, Materialwirtschaft, Einkauf/Beschaffung und Produktion.[12] Die wichtigsten Ziele der Materialwirtschaft sind:[13]

- Sicherung der Beschaffungsmärkte,
- Sicherung der Qualität und des Technologiestatus,
- Erschließung von Kosten- und Bestandssenkungspotenzialen,
- Optimierung der Materialbewirtschaftungskosten,
- Optimierung der Kapazitätsauslastung,
- Politik der verlängerten Werkbank,
- Verringerung der Fertigungstiefe,

---

[12] Vgl. *Wannenwetsch* (2021), S. 19
[13] Vgl. *Kluck/Ornau/Prill* (2014), S. 15

- günstige Einstandspreise,
- geringe Beschaffungskosten,
- neue Wege der Materialdisposition,
- Erfüllen der 6 **Rs** (die richtige Ware, zur richtigen Zeit, am richtigen Ort, in der richtigen Menge, in der richtigen Qualität und zu den richtigen Kosten)

Ein Hauptziel in der Logistik könnte zum Beispiel wie folgt lauten: „Optimierung der Logistikleistung", dieses ist selbstverständlich vom Unternehmensziel abhängig. Wird beispielsweise als Unternehmensziel „Erhöhung des Marktanteils der Verkaufsprodukte um 15% festgehalten, können sich für die Logistik folgenden Ziele anbieten:

- Die Lieferzeit der kompletten Lieferung an den Kunden soll maximal zwölf Stunden ab Auftragsannahme andauern.
- Bezogen auf alle Lieferungen soll die Quote der Reklamationen unter einem Prozent sein.
- Der Großteil der Teile ca. 98% müssen jederzeit im Lager zur Verfügung stehen.

Durch das Internet werden die Wünsche der Kunden immer umfassender und individueller. Dabei spielen Aspekte wie Customer Relationship, Kundenorientierung, Kostenreduzierung sowie die Flexibilisierung und Schnelligkeit der Informations-, Waren- und Dienstleistungsversorgung eine zentrale Rolle. Um diesen Wünschen der Kunden gerecht zu werden und nachzukommen ist eine optimale Integration der kompletten Supply Chain, auch als Wertschöpfungskette bekannt vom Lieferanten über den Hersteller bis zu Endkunden notwendig. Dies wiederum bedeutet eine effiziente und effektive Zusammenarbeit mit den beteiligten Unternehmensbereichen von Beschaffung, Materialwirtschaft, Entwicklung bis hin zur Produktion und Logistik.[14]

---

[14] Vgl. *Wannenwetsch* (2021), S. 6

## 1.2 Zielkonflikte zwischen Materialwirtschaft und anderen Unternehmensbereichen

Die Aufgaben der Materialwirtschaft und Logistik sind sehr vielfältig, dadurch entstehen im betrieblichen Ablauf eine große Anzahl von Schnittstellen und Zielkonflikten.[15] Eine Erklärung, dass die Ziele Qualitätssicherung und Kostengünstigkeit in einer Konfliktbeziehung stehen, ist nicht notwendig. Grundsätzlich ist es kaum möglich qualitativ hochwertige Materialien zu niedrigen Preisen zu erlangen. Das Liquiditätsziel steht mit dem Ziel der Gewährleistung von Lieferfähigkeit konträr. Ein hoher Lagerbestand führt dazu, dass die Liquidität des Betriebes durch die Kapitalbindung leidet.[16]

Die folgende Tabelle fasst die Zielkonflikte zwischen den verschiedenen Bereichen zusammen:[17]

| Bereich | Zielkonflikt | Wer? |
|---|---|---|
| Bestellmenge | große Bestellmenge, günstige Konditionen | Einkauf |
| | kleine Bestellmenge kleine Lagerbestande geringe Lagerkosten | Lager, Finanzen |
| | große Bestellmengen geringe Anzahl Lieferungen | Lieferant, Materialdisponent |
| Lagerbestand | großer Lagerbestand, hohe Lieferbereitschaft | Vertrieb, Finanzen |
| | großer Lagerbestand, hohe Fertigungssicherheit | Fertigung, Finanzen |
| | großer Lagerbestand, große Fertigungslose | Fertigung |

Tabelle 1: Zielkonflikte und involvierte Abteilungen

(Quelle: in Anlehnung an Kluck (2008), S. 10)

---

[15] Vgl. *Kluck* (2008), S. 10
[16] Vgl. *Mroß* (2015), S. 70
[17] Vgl. *Kluck* (2008), S. 10

## 1.3 Ansätze zur Konfliktlösung

Ein Ansatz wäre die Einführung einer ABC-Analyse, um Konflikte zu lösen. Sie baut darauf auf, dass wenige Artikel des gesamten Sortimentes über einen hohen Anteil des gesamten Beschaffungswertes verfügen. Sie lässt sich grundsätzlich in allen Bereichen der Materialwirtschaft anwenden. Ziel der ABC Analyse in der Materialwirtschaft ist unter anderem die Trennung von wesentlichen und unwesentlichen. Der Gesamtwert bei A-Teilen hat einen großen Anteil, zum Beispiel 80% (Euro) des Lagerbestandes, dafür einen kleinen Anteil an der Anzahl der gesamten Artikel (5% der Artikelmenge). Dieses Beispiel zeigt, dass mit nur 5% der Artikel mit dem größten Wert insgesamt 80% des kompletten Lagerbestandes abdecken lässt. Die ABC-Analyse lässt sich auf verschiedene Bereiche übertragen. Nehmen wir das Beispiel Material:

1. Bei der Materialart wird die Materialmenge mit dem Bezugspreis mit den Herstellkosten multipliziert.
2. Anschließend werden die Materialarten nach der Höhe ihrer Materialwerte in absteigender Form geordnet und die Materialwerte zusammengerechnet.
3. Aufgrund der Kumulation ist eine Ermittlung des mengen- und wertmäßigen Anteils des Materials, bezogen auf den Gesamtwert, möglich.
4. In der Praxis werden dabei oft bestimmte Wert- oder Artgrenzen vorgeben.
5. Grafische Darstellung der ABC-Analyse

Die Klassifizierung erfolgt nach einem Wert-Mengenverhältnis:[18]

**A-Material:** geringer mengenmäßiger Anteil, hoher wertmäßiger Anteil.
**B-Material:** mittlerer mengenmäßiger Anteil, mittlerer, wertmäßiger Anteil.
**C-Material:** hoher mengenmäßiger Anteil, geringer wertmäßiger Anteil.

---

[18] Vgl. *Wannenwetsch* (2021), S. 27-28

| Materialart | Wertgrenzen in Euro | Artgrenzen in Stück/Menge |
|---|---|---|
| A-Material | 60–80 % | 5–20 % |
| B-Material | 10–25 % | 30–35 % |
| C-Material | 5–15 % | 40–70 % |

Tabelle 2: Klassifizierung der Materialien

(Quelle: in Anlehnung an Ebel (2009), S. 222 ff.)

Ein weiterer Ansatz wäre die Einführung einer XYZ-Analyse, welche in der Regel mit der ABC-Analyse kombiniert wird. Die Beschaffungsobjekte werden anhand ihrer Verbrauchsstruktur innerhalb der XYZ-Analyse klassifiziert. Diese sind für die Bestimmung der Beschaffungs- und Lagerstrategie von hoher Bedeutung. Folgende Tabelle veranschaulicht eine XYZ-Analyse:[19]

| Material | Verbrauch | Vorhersagegenauigkeit |
|---|---|---|
| X-Material/R-Material | gleichmäßig | hoch |
| Y-Material/S-Material | schwankend | mittel |
| Z-Material/U-Material | unregelmäßig | niedrig |

Tabelle 3: XYZ-Analyse

(Quelle: in Anlehnung an Wannenwetsch (2021), S. 39)

## 2 Definition RFID-Technologie

Der Begriff RFID steht für **R**adio **F**requency **I**dentification, dieser stammt aus dem Englischen und bedeutet übersetzt Identifikation durch Funkübertragung. Das Akronym „RFID" ist im allgemeinen Sprachgebrauch weitaus verbreiteter. Durch die Technologie können Objekte und Lebewesen eindeutig identifiziert werden.[20] Zuzuordnen lässt sich RFID den Auto-ID-Systemen, welche sich auf die Erfassung eines physischen Objektes und der automatisierten Weiterleitung von

---

[19] Vgl. *Wannenwetsch* (2021), S. 38-39
[20] Vgl. *Pflaum* (2008), S. 475

bestimmten Informationen an ein System beruhen.[21] Darüber hinaus lassen sich drei weitere Verfahren zur automatischen Identifikation abgrenzen:[22]

- Barcode-Systeme
- Optical Character Regognition (OCR)
- Chipkarten

Oft werden auch in diesem Zusammenhang biometrische Erkennungsverfahren erwähnt, die allerdings nicht dem Auto-ID-System zuzuordnen sind. Die biometrischen Verfahren beruhen auf der Identifikation spezifischer und einzigartiger Körpermerkmale, die mit einer Person verknüpft sind.[23] Darunter fallen zum Beispiel Finger-Scans oder Gesichtserkennungen. Unter den Auto-ID-Verfahren sind Barcodesysteme die am weitesten verbreiteten. Sie werden nicht ausschließlich in Produktions- und Logistikprozessen eingesetzt. Beispielhaft finden wir die Barcode-Etiketten auf Büchern, Briefen oder in Supermärkten. Durch die leichte Generierung dieser Barcodes, kann eine weitverbreitete Streuung zu geringen Kosten ermöglicht werden.[24]

OCR-Systeme (Optical Character Regognition) hingegen funktionieren nach dem Prinzip der Schrifterkennung, anders als die strich basierten Erkennungsmerkmale wie Barcodes. Aufgrund spezieller Scantechniken sind Handschriften maschinell lesbar und können in digitale Informationen umgewandelt werden. Einsatzgebiete wie der Postversand oder Banken- und Dienstleistungsunternehmen sind hier zu nennen.[25]

Chipkarten werden als elektronische Datenspeicher bezeichnet, die Datenübertragung erfolgt zwischen der Karte (Kontaktfeld) und einem Lesegerät. Zusätzlich wird ein PIN-Code (Person Identification Number) verwendet, um ein unbefugtes Auslesen zu verhindern. Hier wären die geringen Kosten zu erwähnen, allerdings werden Chipkarten nicht in Produktionen verwendet, da sie gegenüber Umwelteinflüssen (Schmutz, Vibration, Hitze) anfällig sind.[26]

---

[21] Vgl. *Gluttig* (2008), S. 3
[22] Vgl. *Finkenzeller* (2015), S. 8
[23] Vgl. *Kern* (2007), S. 16
[24] Vgl. *Kern* (2007), S. 15
[25] Vgl. *Gluttig* (2008), S. 5
[26] Vgl. *Besse* (2018), S. 22

Ein RFID-System besteht grundlegend aus zwei Komponenten: einem Transponder, auch Datenträger, RFID-Tag oder RFID-Chip und einem Lese-/Schreibgerät. Die Anbindung an betriebliche Informationssysteme, vor allem ERP-Systeme (Enterprise Resource Planning), sind hier zu nennen. Abbildung 2 zeigt den Aufbau eines RFID-Systems:[27]

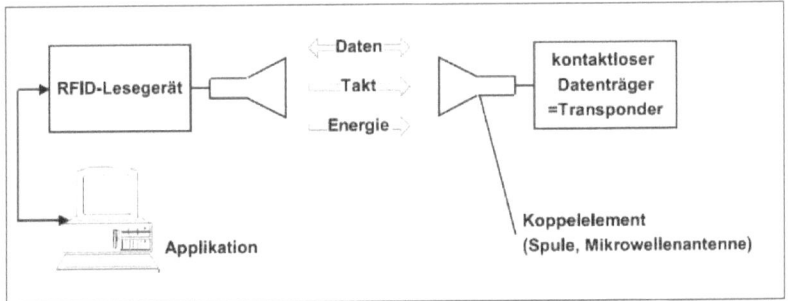

Abbildung 2: Aufbau eines RFID-Systems

(Quelle: in Anlehnung an Finkenzeller (2015), S. 7)

Der RFID-Transponder dient als Speicherort für Informationen und ist außerdem der Datenträger eines RFID-Systems. Der RFID-Transponder wird aus zwei Komponenten zusammengesetzt aus einem Mikrochip und einem Koppelelement.[28] Es gibt grundsätzlich zwei Transpondertypen und auch Mischformen beider Typen, darunter fallen aktive und passive Transponder.[29] Bei passiven Transpondern handelt es sich um Transponder, welche keine eigene Energieversorgung beinhalten. Ihre Energie beziehen sie durch das elektromagnetische Feld des Auslesegeräts.[30] Aufgrund der fehlenden Energiequelle können die passiven Transponder vor allem klein und kostengünstig hergestellt werden. Überwiegend finden die passiven Transponder Verwendung im Rahmen von Zutrittskontrollen oder der Auszeichnung von

---

[27] Vgl. *Finkenzeller (2015)*, S. 7
[28] Vgl. *Finkenzeller (2015)*, S. 9
[29] Vgl. *Bundesamt für Sicherheit in der Informationstechnik* (BSI) (2004), S. 31
[30] Vgl. *Gluttig (2008)*, S. 13

Artikeln.[31] Im Gegensatz zu den passiven Transpondern verfügen aktive Transponder über eine Energiequelle in Form einer Batterie, welche die Stromversorgung gewährleistet. Darüber hinaus lassen sich die aktiven Transponder mit zusätzlichen Komponenten, wie Sensoren ausstatten, um beispielsweise Feuchtigkeit, Luftdruck oder Temperatur messen zu können. In der Produktion sind die aktiven Transponder teurer, da sie komplexer und größer sind. Über ein spezielles Funksignal eines Lesegeräts wird der Sender aktiviert und dadurch zur Übertragung der Informationen aufgefordert.[32] Die Speicherkapazität und Reichweite aktiver Transponder ist hoch. Ihr Lebenszyklus ist aufgrund der Batterie auf fünf bis zehn Jahre begrenzt.[33] Ihren Einsatz finden aktive Transponder vor allem bei der Lokalisierung und Verfolgung von größeren Objekten über größere Distanzen. Daher finden Sie unter anderem im Produktionsumfeld, beispielsweise in der Automobilindustrie, aber auch in der Logistik, im Rahmen der Identifikation von Containern oder des Trackings von Sendungen ihre Anwendung.[34] Folgende Abbildung veranschaulicht den Aufbau eines Transponders:[35]

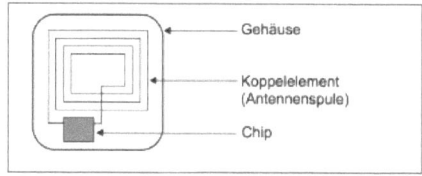

Abbildung 3: Aufbau eines passiven RFID-Transponders

(Quelle: in Anlehnung an Finkenzeller (2015), S. 9)

---

[31] Vgl. *Franke/Dangelmaier* (2006), S. 20
[32] Vgl. *Weigert* (2006), S. 26
[33] Vgl. *Gluttig* (2008), S. 15
[34] Vgl. *Franke/Dangelmaier* (2006), S. 20
[35] Vgl. *Finkenzeller* (2015), S. 9

## 2.1 Vorteile des Einsatzes der RFID-Technologie zur Unterstützung in der Materialwirtschaft, der Logistik oder der Produktion ablaufenden Prozesse

Dem Bundesministerium für Wirtschaft und Technologie ist ein entscheidender Schritt mit dem Technologieprogramm „next generation media" gelungen. Innerhalb von drei Projekten Ko-RFID, LEANDmarKS und LogNetAssist wurden Abläufe analysiert und zukunftsweisende technologische Lösungen erarbeitet und erprobt. Die RFID-Technologie findet unter anderem in der Logistik, Handel und Automobilindustrie ihren Einsatz.

Anhand des Projekts „LAENDmarKS" werden die Vorteile des Einsatzes der RFID-Technologie aus Unternehmenspraxis genannt. Das Projekt LAENDmarKS beschäftigt sich mit einer Tracking-Lösung über die gesamte Lieferkette in der Automobilindustrie. Leider existierten bislang keine übergreifenden Systeme, um einzelne Komponenten entlang der gesamten Lieferkette bis zu ihrem Hersteller zurückzuverfolgen. Genau an diesem Punkt setzt LAENDmarKS an. Unter Einbeziehung der RFID-Technologie soll es eine schnellere Rückverfolgbarkeit und Eingrenzung sicherheitsrelevanter Automobilkomponenten geben. Hierbei wurde mit allen Prozessbeteiligten ein durchgängiges Track&Trace-System mit den notwendigen Datenmanagement-Strukturen und Technologien entwickelt. Dadurch ist eine prozessübergreifende Kooperation aller Beteiligten bei der Erfassung, Verarbeitung und Nutzung von Produkt-, Produktions- und Logistikdaten möglich. Dabei hat sich das Projekt LAENDmarKS für die innovativen UHF-Transponder Technologie entschieden, da diese wegen ihrer geringen Störeinflüsse für den Einsatz in der Automotive Supply-Chain als passendste herausgestellt hat. Außerdem konnten drei weitere RFID-TAGs im metallischen Umfeld als passend herausgestellt werden, die ohne Probleme an Metall angebracht werden können, ohne die Leserreichweite zu beeinflussen. Am Ende des Projektes wurde deutlich, dass der Erfolg des RFID-Einsatzes durch die frühzeitige Einbeziehung in die Produkt- bzw. Prozessplanung beeinflusst wird. Bei dem Projekt LAENDmarKS hat die RFID-Technologie eine hohe Prozesssicherheit unter Beweis stellen können.[36] Insgesamt lässt sich festhalten, dass durch die Implementierung von RFID-Technologie, die Kosten erheblich

---

[36] Vgl. *Bundesministerium für Wirtschaft und Technologie* (2008), S.14-17

gesenkt werden können und intelligente Infrastrukturen, eine bessere Vernetzung dafür sorgen, dass Informationslücken geschlossen werden können. Prozesse können ebenfalls effizienter gestaltet werden.

Die RFID-Technologie kann aufgrund ihrer vielseitigen Einsatzmöglichkeit auch auf andere Anwendungsfelder übertragen werden, wie zum Beispiel beim Kanban-System.[37]

Das Kanban-System stammt aus dem Jahr 1950 und wurde von Ohno einem japanischen Ingenieur entwickelt. In der Literatur wird das Kanban-System oft als Supermarktprinzip beschrieben. Wenn aus einem Regal ein Produkt entnommen wird, muss die entstandene Lücke wieder aufgefüllt werden. Diese Sichtweise lässt sich analog auf die Produktion übertragen.[38] Durch den Einsatz von Kanban mit der RFID-Technologie lassen sich deutliche Verbesserungen der Logistikprozesse durch die Vernetzung der physischen mit der digitalen Welt ermöglichen. Beispielsweise wird die RFID-Technologie im Rahmen des Kanban-Prozesses verwendet. Dabei stellt die besondere technische Herausforderung für den Kanban-Prozess, eine nahezu hundertprozentige Leserate der RDFID-Informationen voraus. Pulklesungen mehrerer Kanban-Behälter, ohne direkten Sichtkontakt zwischen dem Lesegerät und dem Kanban-Behälter stellen dabei eine signifikante Anforderung an den Kanban-Prozess. Dabei muss beachtet werden, dass Überreichweiten bei hohen Frequenzen im Nahbereich zum Beispiel im Regal und elektromagnetische Reflektionen durch Filterung in der Middleware ausselektiert werden. Auch hier wird die UHF-Lösung, wie im LAENDmarKS Projekt festgestellt wurde, bei Kanban-Behältern, aufgrund ihrer besseren Leseraten bei leitfähigen Materialien, verwendet. Die Implementierung der RFID-Technologie in betriebswirtschaftliche Anwendungen zeigt die Möglichkeit, signifikanter Transaktionen in der Logistikkette zu automatisieren, die Datenqualität zu verbessern, zu beschleunigen und die Transformation vom Push- zum Pull getriebenen Materialfluss zu ermöglichen und sich besser auf Kundenanforderungen und Marktanforderungen zu positionieren.

---

[37] Vgl. *Bundesministerium für Wirtschaft und Technologie* (2008), S.18
[38] Vgl. *Niemann/Reich/Stöhr* (2021), S. 141

Folgende Abbildung veranschaulicht einen Kanban-Prozess mit Behältern:[39]

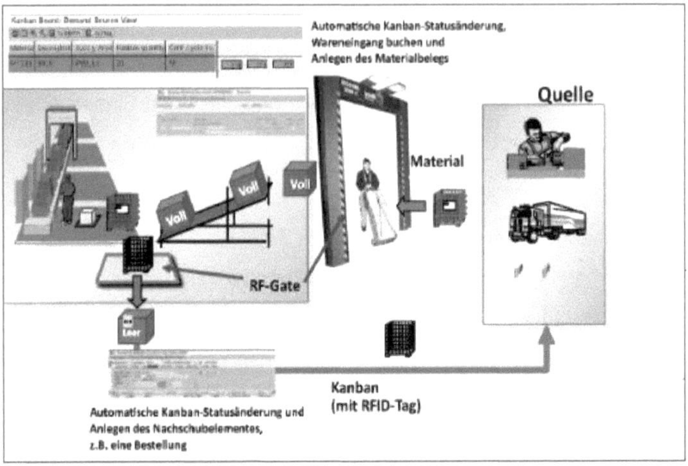

Abbildung 4: Visualisierung SAP-Kanban-Prozess mit RFID

(Quelle: in Anlehnung an Graef/Wesemann-Ruzicka (2010), S. 40)

## 3 Grundphilosophie des TPS

Das Akronym TPS bedeutet „Toyota Produktionssystem" und stammt aus der Unternehmensphilosophie von Toyota „Toyota Way". Hinter der Unternehmensphilosophie „Toyota Way" verbergen sich fünf Kernwerte, mit dem Ziel, die Kundenzufriedenheit nachhaltig zu erreichen. Folgend die fünf Kernwerte:

**CHALLENGE:**

„Wir entwickeln eine langfristige Vision, begegnen   Herausforderungen mit Mut und Kreativität, um unsere Träume zu verwirklichen."

**KAIZEN:**

„Kontinuierliche   Verbesserung.   Wir   verbessern   ständig   unsere Geschäftsprozesse, treiben stets Neuerungen und Weiterentwicklungen voran."

---

[39] Vgl. *Graef/Wesemann-Ruzicka* (2010), S.36-40

**GENCHI GENBUTSU:**

„Gehe an die Quelle, um die Informationen für die richtige Entscheidung zu finden, bilde Konsens und erreiche die Ziele mit bestmöglicher Geschwindigkeit:"

**RESPECT:**

„Wir respektieren andere, bemühen uns, einander zu verstehen, übernehmen Verantwortung und geben unser Bestes, um gegenseitiges Vertrauen aufzubauen."

**TEAMWORK:**

„Wir fördern persönliche und berufliche Entfaltung, teilen die Möglichkeiten zur Entwicklung und maximieren die Leistung des Einzelnen und der Gruppe."

Durch das Toyota Produktionssystem werden Mitarbeiter*innen in die Lage versetzt, die Qualität durch fortlaufende Verbesserung von Prozessen und die Vermeidung der Verschwendung von menschlichen, natürlichen und unternehmerischen Ressourcen zu steigern. Dabei wirkt sich das Toyota Produktionssystem auf jeden Blickwinkel der Organisation aus und verfügt über eine gemeinsame Basis an Wissen, Werten und Verfahren. Aufgrund der gut definierten Verantwortlichkeiten werden die Mitarbeiter*innen mit jedem Produktionsschritt betraut und jedes Mitglied wird motiviert, nach Verbesserungen zu streben. Folgende Abbildung zeigt den Aufbau eines Toyota Produktionssystems:[40]

---

[40] Vgl. www.toyota-forklifts.de, S. 5

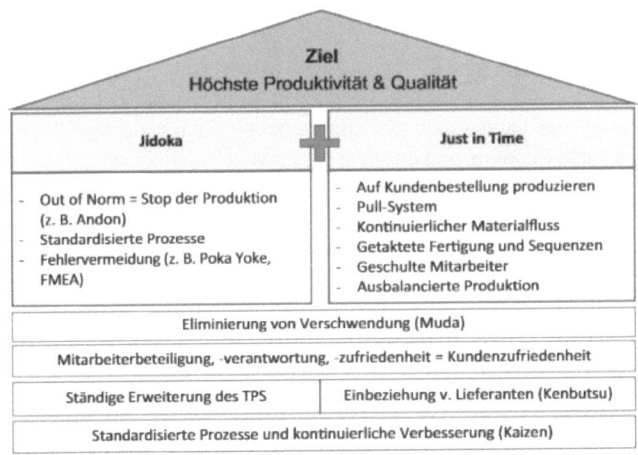

Abbildung 5: Toyota-Production-System

(Quelle: in Anlehnung an Fiedler (2017), S. 50)

Das Verständnis von Produktion in der Automobilbranche wurde durch die Entwicklung des Toyota Produktionssystems revolutioniert und ist nicht alleinig für die Automobilbranche wegweisend. Schon früh erkannte Toyota, dass die Konzentration ausschließlich auf Ressourcen nicht ausreicht, um international wirtschaftlich und wettbewerbsfähig zu sein. Toyota folgte dem Ansatz, Abläufe und Zusammenhänge zwischen einzelnen Prozessen, die Produktion zu optimieren und dadurch ein verbessertes und kostengünstiges Produkt auf den Markt zu bringen. Bereits nach dem Zweiten Weltkrieg begann die Geschichte des Toyota Produktionssystems. Sakichi Toyoda ein Schreiner, produzierte Webstühle für ortsansässige Stofffabriken in Handarbeit. Dabei begann er nach Möglichkeiten der Optimierung zu suchen, als ihm ein immer wiederkehrender Fehler auffiel, welcher lange Zeit unentdeckt war und zu einer sinkenden produktiven Auslastung seiner Webstühle führte. Der Grund für den Fehler lag in der mechanischen Belastung der Kettfäden, die öfter zum Abriss führten. Doch Toyoda erkannte schnell den Fehler und erfand zum Verkaufsstart eine revolutionierte Technik, die die Maschine beim Reißen der Kettfäden zum Anhalten brachte. Aufgrund dieser Erkenntnis erkannte Toyoda ein Konzept in der Zusammenarbeit von Mensch und Maschine, welches unter dem Fachbegriff „Jidoka" bekannt wurde und später eine der zwei Säulen des Toyota

Produktionssystems bilden sollte.[41] Ein paar Jahre später gründetet Sakichis Sohn Kiichiro die Toyota Motor Corporation und übernahm das Konzept des Jidoka seines Vaters, welches er dann um seine eigene Philosophie „Just-in-Time" erweiterte und zur zweiten Säule des Toyota Produktionssystems entwickelte. Mit der Aufgabe, die Produktivität zu erhöhen, wurde der junge Ingenieur Taiichi Ohno betraut. Sein Ziel war es, das Just-in-Time-Konzept mit dem Jidoka-Prinzip zu verschmelzen. Inspirieren ließ sich Ohno von amerikanischen Supermärkten, mit deren Inspiration er das Kanban-Konzept entwickelte.[42] In den 1950er Jahren akquirierte der damalige Weltkriegsgeneral Douglas MacArthur Deming als Experten für Qualität nach Japan. Deming formulierte einen Anspruch auf die kontinuierliche Verbesserung, die in das Toyota Produktionssystem floss, aber bereits vorher in der Unternehmensphilosophie von Toyota existierte. Der PDCA-Zyklus drückt die kontinuierliche Verbesserung eines Prozesses in vier Schritten aus: Plan, Do, Check, Act, übersetzt Planen, Umsetzen, Überprüfen, Reagieren. Unter dem Begriff Kaizen fand dieser Zyklus Einzug. Die Grundlage einer lehrenden Organisation ist der Ansatz nach Kaizen.[43] Das Toyota Produktionssystem ist verantwortlich dafür, was Toyota von anderen Wettbewerbern abheben lässt und dafür sorgt, dass die Produkte von Toyota für ihre Kunde eine sich lohnende Investition in ihr eigenes Geschäft darstellen. Wenn Kunden bei Toyota kaufen, wissen sie genau, was sie erwartet, einen Partner mit Flexibilität und Stärke, um die Bedürfnisse eines sich ständig ändernden Marktes zu erfüllen. Toyotas Kunden können sich auf die Qualität der Produkte, das Preisleistungsverhältnis, die pünktliche Lieferung, die Unterstützung bei Umweltfragen und das Thema Sicherheit verlassen. Nicht ohne Grund ist das Toyota Produktionssystem – ein System von Weltklasse.[44]

---

[41] Vgl. *Fiedler* (2018), S. 39-40
[42] Vgl. www.toyota-forklifts.de, S. 7
[43] Vgl. *Fiedler* (2018), S. 43
[44] Vgl. www.toyota-forklifts.de, S. 16

## 3.1 Just-in-Time

Unter dem Begriff Just-in-Time wird die Anlieferung des Materials in der richtigen Menge, zum richtigen Zeitpunkt, an die richtige Stelle in der Produktion verstanden.[45] Im Zusammenhang mit dem Toyota Produktionssystem erfüllt es effizient und zeitnah Kundenanforderungen und passt alle Produktionsaktivitäten auf die Anforderungen des Marktes an. Darunter versteht man fein abgestimmte Prozesse, bei denen immer nur die Mengen an Teilen zum Einsatz kommen, die tatsächlich verwendet werden, und zwar genau dann, wenn sie tatsächlich erforderlich sind.[46] Just-in-Time, abgekürzt „JIT" ist ein Teil der Lean Produktion, deren Grundgedanke es ist, jegliche Art von Verschwendung zu vermeiden und durch Konzentration auf wertschöpfende Tätigkeiten besonders effizient zu produzieren und zu liefern. Eine Eigenschaft von Verschwendung sind Bestände, die verwaltet, finanziert und gelagert werden müssen, ohne Wertsteigerung des Produkts. Ein bestandsloser Distributionsprozess führt dazu, dass alle Probleme, die durch Fehler, schlechte Lieferqualität oder Störungen entstehen, ohne den Puffer erst erkennbar und damit erst lösbar werden. (Puffer-) Bestände gleichen die Störungen im Lieferprozess aus. Weil Bestände viele mögliche Probleme in der Versorgungskette zwar nicht lösen, aber ausgleichen können, werden im betrieblichen Alltag die Versorgungsprozesse nicht komplett ohne Pufferstand organisiert. Beispielsweise bei kritischen Versorgungsprozessen wie in der Automobilindustrie, wo Lieferausfällen dem Kunden sehr hohe Kosten verursachen können, hat der Lieferant vor Beginn der regelmäßigen Just-in-Time Lieferung die Sicherheit der Belieferung und Notfallpläne nachzuweisen. Die Just-in-Time Belieferung kann sich lohnen, wenn sehr hohe Bestandskosten entstehen wie für:[47]

- hochpreisige Produkte, die hohe Kosten für Finanzierung und Kapitalbindung der Vorräte verursachen,
- großvolumige und schwere Produkte, die hohe Lagerkosten verursachen,
- variantenreiche Produkte und Langsamdreher, deren Verweildauer im Lager recht lange werden kann,

---

[45] Vgl. *Hummel* (2019), S. 10
[46] Vgl. www.toyota-forklifts.de, S. 8
[47] Vgl. *Koether* (2018), S. 59

- verderbliche Ware (zum Beispiel leicht verderbliche Lebensmittel), die entsorgt werden muss oder nur mit Preisabschlag verkauft werden kann, wenn sie zu lange lagert.

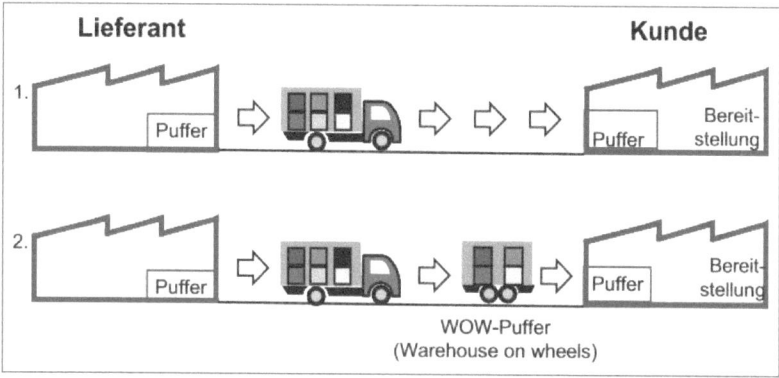

Abbildung 6: Just-in-Time Lieferprozess

(Quelle: in Anlehnung an Koether (2018), S. 59)

Für das Geschäft bedeutet eine Just-in-Time Belieferung, einen reibungslosen, kontinuierlichen und optimierten Produktionsfluss mit sorgfältig geplanten und gemessen Arbeitszykluszeiten sowie nachfrage steuerten Warenbewegungen reduziert die koste für die verschwenden Zeit, Materialien und Kapazität. Auf diesen Service können sich Toyota Kunden verlassen.[48]

## 3.2 Jidoka

Das Jidoka-Prinzip wurde durch Sakichi Toyoda benannt, er verstand es als Prinzip, einen automatischen Prozess zu stoppen, wenn eine Unregelmäßigkeit auftrat. Es gehört neben Just-in-Time zur ersten der beiden Hauptsäulen des Produktionssystems. Übersetzt wird das Jidoka-Prinzip mit dem Kunstwort „Autonomation". Das Do in der Mitte steht für „Bewegung". Hinzu kommt noch

---

[48] Vgl. www.toyota-forklifts.de, S. 9

der Einsatz des menschlichen Geistes. Somit lässt sich das Jidoka-Prinzip wörtlich übersetzen in „Automatisierung mit menschlichem Verstand". Die Abbildung zeigt die japanischen Schriftzeichen für Jidoka:[49]

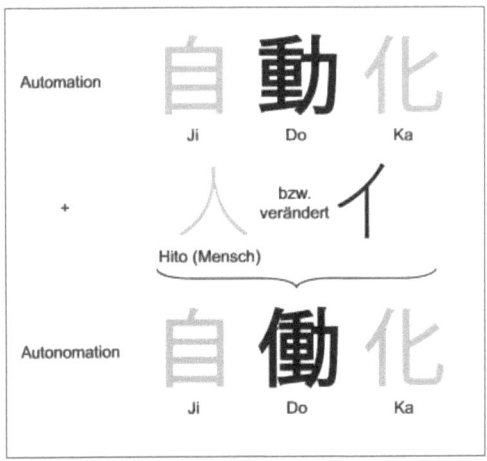

Abbildung 7: Japanische Schriftzeichen für Jidoka mit Variierung der Bedeutung
(Quelle: in Anlehnung an Bertagnolli (2020), S. 126)

Mit diesem Prinzip schaffte Sakichi Toyoda ein Qualitätsprinzip für die Produktion, da die Maschinen automatisch anhalten, wenn eine Abweichung festgestellt wurde oder das Auftragsende erzielt wurde. Dadurch werden Fehler und Ausschuss vermieden. Dies ermöglicht dem Maschinenführer, viele Maschinen gleichzeitig zu überwachen. Sakichi verfolgte mit dem Jidoka-Prinzip zwei Hauptziele, die Qualität zu sichern und die Produktivität zu steigern. Aufgrund der Trennung von der Maschine und der menschlichen Arbeit konnte die Arbeitsproduktivität gesteigert werden. Das Jidoka-Prinzip findet für jeden Prozess seine Anwendung, ganz egal, ob es sich um Prozesse mit Maschinen und Anlagen oder vollständig manuelle Prozesse handelt. Die Meldung der Störungen erfolgt über Sensoren. Bei manuellen Prozessen, wie in einer Montage, kann der Flussprozess durch einen Qualitätsstopp und Qualitätsalarm gestoppt werden. Signalisiert werden die Mitarbeiter der Produktion, visuell durch

---

[49] Vgl. *Bertagnolli* (2020), S.126

Lampen oder Töne. Die Bezeichnung dafür lautet im japanischen „Andon". Durch dieses Signal wird ein Unterstützer informiert. Übersetzt bedeutet das Wort „Andon" Laterne oder Funzel, welches sich im Rahmen von Jidoka um ein Signalisierungselement, das Abweichungen anzeigt, handelt. Anhand dieses einfachen visuellen Elements werden Informationen weitergeleitet und dadurch ein Support an einem Montageplatz oder an einer Anlage angefordert. Man findet diese Signale auf großen Übersichtstafeln oder entlang der Hallenstraße, in der Flucht der Anlagen, damit sie gut sichtbar sind.[50]

Anhand eines Beispiels wird der Ablauf des Jidoka-Prinzips verdeutlicht. Dieses Beispiel folgt einem Prozessablauf beim Auftreten eines Problems in einer Montage. (1) Es entsteht beim Ablauf eines Prozesses ein Problem, wie beispielsweise fehlende Teile, Qualitätsfehler oder der Ausfall von Werkzeugen oder Maschinen. (2) Dies führt zur Abweichung vom Qualitätsstandard. Ein Mitarbeiter*in der Montage erkennt das Problem und löst das Signal für den Qualitätsalarm bzw. den Qualitätsstopp aus. Dafür betätigt er einen Knopf oder eine Reißleine. (3) In wenigen Sekunden nach Auslösung des Alarms wird über visuelle Anzeige (Andon) angezeigt, an welchen Prozess das Problem aufgetreten ist. (4) Der für den Bereich zugeteilte Supporter kann am Andon-Board ablesen, an welcher Station der Fehler aufgetreten ist und kommt zur Problemlösung dorthin. Die Abbildung zeigt den Ablauf des Jidoka Prinzips am Beispiel einer Montagestation an:[51]

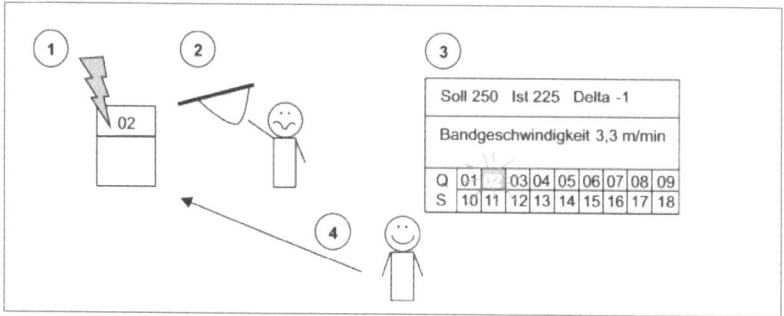

Abbildung 8: Ablauf des Jidoka-Prinzips am Beispiel einer Montagestation
(Quelle: in Anlehnung an Bertagnolli (2020), S. 128)

---

[50] Vgl. *Bertagnolli* (2020), S. 127
[51] Vgl. *Bertagnolli* (2020), S. 128

## 3.3 Kaizen

Das Wort Kaizen setzt sich aus den japanischen Begriffen „Kai" für Veränderung und „Zen" für „zum Guten oder „zum Besseren" zusammen, wie folgende Abbildung zeigt:

Abbildung 9: Japanische Schriftzeichen für Kaizen

(Quelle: in Anlehnung an Bertagnolli (2020), S. 156)

Beim Kaizen geht es hauptsächlich um ein in der Kultur verankertes permanentes Verbessern von Leistungen, Prozessen und Produkten in kleinen Schritten. Kaizen ist vielmehr eine Philosophie bzw. Denkweise, die durch die Mitarbeiter*innen tagtäglich und selbständig getragen wird. In der deutschen Sprache sprechen wir vom „Kontinuierlichen Verbesserungsprozess" (KVP). Dabei geht es bei Kaizen vielmehr um die selbstverständlichen, täglichen Verbesserungen des persönlichen Arbeitsgeschäfts als Philosophie. Verbesserungsvorschläge müssen sofort beurteilt werden und vor Ort ausprobiert und konsequent umgesetzt werden. Das Ziel ist, möglichst schnell zu realisieren, anstatt Papier zu generieren. Bei der Umsetzung gilt dabei der Grundsatz „Just do it" – realisiere es sofort und selbständig. Die Optimierungsideen in Deutschland liegen bei 70 Ideen pro Mitarbeiter und Jahr. In Japan liegt Anzahl an Optimierungsideen, um ein Vielfaches davon. Die Japaner zeichnet in vielerlei Hinsicht, das Kopieren, die anschließende Vereinfachung, die Weiterentwicklung und das im unterschiedlichen Kontext, aus. Sie nehmen etwas Gutes an und verbessern es stetig weiter.[52] Damit Ziel des kontinuierlichen Verbesserungsprozesses erreicht wird, hilft nach Ohno ein

---

[52] Vgl. *Bertagnolli* (2020), S. 156

in der japanischen Kultur ausgeprägtes zeremonielles Streben nach Vollkommenheit.[53] Dieser kontinuierliche Verbesserungsprozess erfordert Zeit. Hier gilt der Grundsatz, dass eine Verbesserung nicht zu einem Mehraufwand an Arbeitskraft, Geld oder Platz führen darf. Nach Kaizen wäre dies keine Verbesserung. Das Toyota Produktionssystem bezieht sich nicht nur auf die Produktion, es ist vielmehr eine Kultur und erstreckt sich auf die gesamte Organisation. Die kontinuierliche Verbesserung wird durch die „5 S" unterstützt:

- **SEIRI** – Sieben
- **SEITON** – Sortieren
- **SEISO** – Säubern
- **SEIKETSU** – Systematisieren
- **SHITSUKE** – Selbstdisziplin

Mit diesem Prinzip soll sichergestellt werden, dass jedes Teammitglied aktiv beteiligt wird, die Prozesse so effektiv und effizient wie nur möglich zu halten.

Für das Geschäft bedeutet es, dass der Kunde stets ausgezeichnete Produkte erhält, die auf modernsten und zuverlässigen Technologien basieren. Der Kunde arbeitet gemeinsam mit Toyota an der Verbesserung des Leistungsangebots, um die Investitionen der Kunden in Toyota-Produkte zu optimieren.[54]

---

[53] Vgl. *Ohno* (2013), S.12
[54] Vgl. www.toyota-forklifts.de, S. 13

# Literaturverzeichnis

*Amely, T., Krickhahn, T.* (2016). BWL für Dummies. Deutschland: Wiley.

*Bertagnolli, F.,* (2020), Lean Management, Aufl. 2, Springer Gabler, Wiesbaden.

*Besse, A.,* (2018), Produktivitätssteigerung von Docking-Centern mit RFID, Springer Gabler, Wiesbaden.

*Bundesamt für Sicherheit in der Informationstechnik,* (2004), Risiken und Chancen des Einsatzes von RFID-Systemen, Bonn

*Fiedler M.,* (2018), Das Toyota-Production-System – TPS. In: *Fiedler M. (eds)* Lean Construction – Das Managementhandbuch. Springer Gabler, Berlin, Heidelberg.

*Fieten, R.* (1986), Integrierte Materialwirtschaft: Definition, Aufgaben, Tätigkeiten, Bundesverband Materialwirtschaft u. Einkauf e.V.

*Finkenzeller, K.:* RFID-Handbuch. Grundlagen und praktische Anwendungen von Transpondern, kontaktlosen Chipkarten und NFC. 7., aktualisierte und erweiterte Auflage. München: Carl Hanser Verlag, 2015.

*Franke/Dangelmaier* (2006): *Franke, W./Dangelmaier, W.* (Hrsg.): RFID-Leitfaden für die Logistik. Anwendungsgebiete, Einsatzmöglichkeiten, Integration, Praxisbeispiele. Wiesbaden: Gabler Verlag, 2006.

*Gluttig, G.:* RFID in logistischen Prozessen. Chancen, Barrieren und effiziente Einsatzmöglichkeiten. Saarbrücken: VDM Verlag Dr. Müller, 2008.

*Graef, HH., Wesemann-Ruzicka, J.,* (2010), Kanban mit RFID. HMD 47

*Hartmann, H.* (1993), Materialwirtschaft. Organisation, Planung, Durchführung, Kontrolle, 6. Aufl., Dt. Betriebswirte-Verl., Gernsbach.

*Hummel, T.,* (2019), Praxishandbuch JIT/JIS mit SAP®: Die Just-in-Time und Just-in-Sequence Abwicklung mit SAP®. Deutschland: Springer Berlin Heidelberg.

*Kern, C.:* Anwendung von RFID-Systemen. 2., verbesserte Auflage. Berlin, Heidelberg: Springer Verlag, 2007.

*Kirsch, W./Bamberger, I./Gabele, E./Klein, H. K.* (1973), Betriebswirtschaftliche Logistik. Systeme, Entscheidungen, Methoden, Gabler Verlag, Wiesbaden, s.l.

*Kluck, D, Prill, M. A., Ornau F.* (2014), „Materialwirtschaft", 6. Aufl., Riedlingen.

*Kluck, D.* (2008). Materialwirtschaft und Logistik. Deutschland: Schäffer-Poeschel.

*Koether, R.,* (2018), Distributionspolitik, Aufl. 3, Springer Gabler, Wiesbaden

*Lensing, M.* (2013). Materialwirtschaft und Einkauf. Deutschland: Gabler Verlag.

*Mroß M.* (2015) Beschaffung i. e. S. (Materialwirtschaft). In: Betriebswirtschaft im öffentlichen Sektor. Springer Gabler, Wiesbaden.

*Muchna, C., Brandenburg, H., Fottner, J., Gutermuth, J.,* (2021), Grundlagen der Logistik, Aufl. 2., Springer Gabler, Wiesbaden.

*Niemann J., Reich B., Stöhr C.* (2021) Kanban. In: Lean Six Sigma. Springer Vieweg, Berlin, Heidelberg.

*Ohno, T.,* (2013), Das Toyota-Produktionssystem, Campus Verlag GmbH

*Pflaum, A.,* In: Gabler, Lexikon Logistik: Management logistischer Netzwerke und Flüsse; [A - Z]. *Klaus, P.; Krieger, W.* (Hg)

*Schulte C.* (2008), Logistik. S. 1, 5. Aufl., Vahlen.

*ten Hompel, M.,* Kerner, S. Logistik 4.0. Informatik Spektrum 38, 176–182 (2015).

*Wannenwetsch, H.,* (2021), Integrierte Materialwirtschaft, Logistik, Beschaffung und Produktion, 6. Aufl., Springer Vieweg, Berlin, Heidelberg.

*Weigert, S.,* (2006), Radio Frequency Identification (RFID) in der Automobilindust-rie. Chancen, Risiken, Nutzenpotenziale. Wiesbaden: Deutscher Universitätsverlag

**Internetquelle**

TOYOTA MATERIAL HANDLING in Europa. www.toyota-forklifts.de, abgerufen am 22.10.2021